KB273048

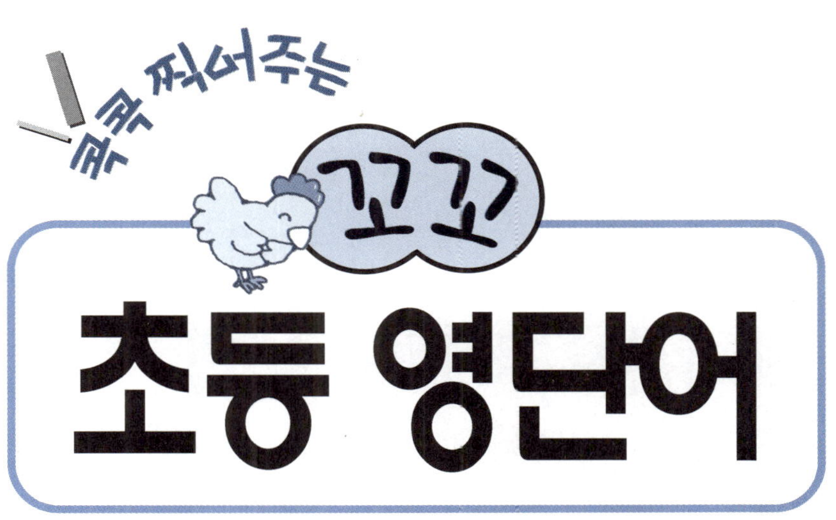


# 초등 영단어

국제어학연구소 영어학부 엮음

ILR 국제어학연구소 발행

# 머리말

영어공부에 있어서 가장 기본은 단어를 외우는 일입니다.

이 책은 교육부에서 선정한 '초등학생이 꼭 알아야 할 영어단어' 900개를 수록하고 있습니다.

단어는 쓰고 외우는 것도 중요하지만 정확한 발음으로 읽고 말하는 것이 중요합니다.

따라서 이 책의 앞부분에는 영어를 처음 공부하는 여러분들을 위해 26개의 알파벳과 발음법을 설명해 놓았고, 교육부 지정 900단어는 초등학생 수준에서 요구되는 뜻만을 골라서 담았습니다.

어렵게 느껴지는 발음기호에 대한 부담을 덜어 드리기 위해 단어마다 실제발음과 근접한 우리말의 음을 달아, 보다 쉽고 재미있게 공부할 수 있도록 하였습니다.

또한 한글표기의 모호함과 한계를 인정하여 현지인의 발음이 담긴 Tape을 통해 정확한 발음을 듣고 따라할 수 있도록 하였습니다.

발음기호를 잘 보고 미국인 선생님의 정확한 발음을 들으면서 매일매일 조금씩 공부하다 보면 틀림없이 영어 실력이 쑥쑥 자라날 것입니다.

부디 이 책이 영어의 기초를 다지는 데 작으나마 도움이 되기를 바랍니다.

# CONTENTS

| | |
|---|---|
| # A a<br>[ei]<br>에이 | [에]를 강하게 하고, [이]를 가볍게 덧붙인다.<br><br>album [ǽlbəm] *n.* 앨범<br>apple [ǽpl] *n.* 사과<br>action [ǽkʃən] *n.* 활동, 행동<br>air [ɛər] *n.* 공기<br>answer [ǽnsər] *n.* 대답 |
| # B b<br>[bi:]<br>비ー | 입술을 다물었다가 떼면서 힘있게 [비ー] 한다.<br><br>bad [bæd] *a.* 나쁜<br>bus [bʌs] *n.* 버스<br>bag [bæg] *n.* 가방, 자루<br>ball [bɔ:l] *n.* 공<br>beach [bi:tʃ] *n.* 해변 |
| # C c<br>[si:]<br>시ー | 혀끝과 윗니의 뒷부분 사이로 숨을 내쉬면서 [시ー] 한다.<br><br>chair [tʃɛər] *n.* 의자<br>cake [keik] *n.* 케익<br>child [tʃaild] *n.* 아이<br>city [síti] *n.* 도시<br>cheese [tʃi:z] *n.* 치즈 |
| # D d<br>[di:]<br>디ー | 혀끝을 윗니의 잇몸에 대었다가 떼며서 [디ー] 한다.<br><br>desk [desk] *n.* 책상<br>die [dai] *vi.* 죽다<br>deep [di:p] *a.* 깊은<br>design [dizáin] *n.* 디자인, 도안<br>dry [drai] *a.* 마른, 건조한 |

# E e

[ei:]
이－

양 입술을 좌우로 당기면서 [이－] 한다.

egg [eg] *n.* 계란
earth [əːrθ] *n.* 지구
easy [iːzi] *a.* 쉬운
enjoy [indʒɔ́i] *vt.* 즐기다
error [érər] *n.* 잘못, 실수

# F f

[ef]
에프

윗니를 아랫입술에 가볍게 댄다.

fish [fiʃ] *n.* 물고기
free [friː] *a.* 자유로운
form [fɔːrm] *n.* 모양
fly [flai] *vi.* 날다
fire [raiər] *n.* 불

# G g

[dʒiː]
지－

혀끝을 위 잇몸에 붙였다 떼면서 [지－]한다.

girl [gəːrl] *n.* 소녀
guide [gaid] *n.* 안내자
great [greit] *a.* 큰, 거대한
glass [glæs] *n.* 유리
god [gad] *n.* 신

# H h

[eitʃ]
에이치

A음에 이어 혀끝을 위 잇몸에 가볍게 붙이고,[치]한다.

house [haus] *n.* 집
hot [hat] *a.* 뜨거운
help [help] *vt.* 돕다
hear [hiər] *vt.* 듣다
head [hed] *n.* 머리

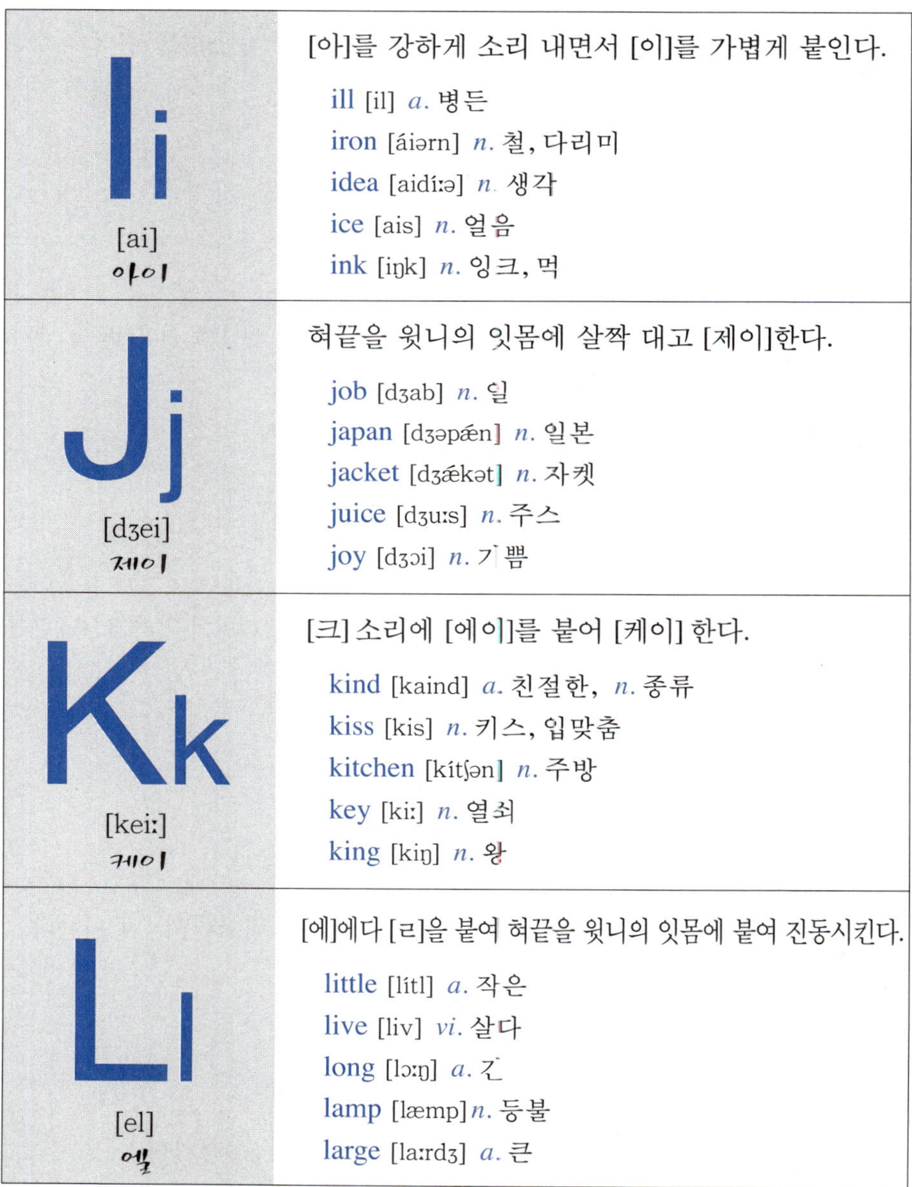

**Ii** [ai] 아이

[아]를 강하게 소리 내면서 [이]를 가볍게 붙인다.

ill [il] *a.* 병든
iron [áiərn] *n.* 철, 다리미
idea [aidí:ə] *n.* 생각
ice [ais] *n.* 얼음
ink [iŋk] *n.* 잉크, 먹

**Jj** [dʒei] 제이

혀끝을 윗니의 잇몸에 살짝 대고 [제이]한다.

job [dʒab] *n.* 일
japan [dʒəpǽn] *n.* 일본
jacket [dʒǽkət] *n.* 자켓
juice [dʒuːs] *n.* 주스
joy [dʒɔi] *n.* 기쁨

**Kk** [keiː] 케이

[크] 소리에 [에이]를 붙어 [케이] 한다.

kind [kaind] *a.* 친절한, *n.* 종류
kiss [kis] *n.* 키스, 입맞춤
kitchen [kítʃən] *n.* 주방
key [kiː] *n.* 열쇠
king [kiŋ] *n.* 왕

**Ll** [el] 엘

[에]에다 [ㄹ]을 붙여 혀끝을 윗니의 잇몸에 붙여 진동시킨다.

little [lítl] *a.* 작은
live [liv] *vi.* 살다
long [lɔːŋ] *a.* 긴
lamp [læmp] *n.* 등불
large [laːrdʒ] *a.* 큰

# Mm [em] 엠

[에]에다 입을 다물고 코로 [ㅁ] 소리를 낸다.

mountain [màuntin] *n.* 산
mouth [mauθ] *n.* 입
music [mjú:zik] *n.* 음악
map [mæp] *n.* 지도
medal [médl] *n.* 메달

# Nn [en] 엔

[에]에다 혀끝을 윗니의 잇몸에 댄 채로 [ㄴ]소리를 낸다.

name [neim] *n.* 이름
national [nǽʃənəl] *a.* 국민의
natural [nǽtʃərəl] *a.* 자연의
nine [nain] *n.* 아홉
nose [nous] *n.* 코

# Oo [ou] 오우

입술을 둥글게 [오]한 다음 오므리면서 약하게 [우] 한다.

old [ould] 늙은
oil [ɔil] *n.* 기름
open [óupən] *a.* 열린
order [ɔ́:rdər] *n.* 명령
orange [ɔ́:rindʒ] *n.* 오렌지

# Pp [piː] 피—

입술을 다문 상태에서 숨을 내쉬면서 [피—]한다.

price [prais] *n.* 가격
promise [prámis] *n.* 약속
push [puʃ] *vt.* 밀다
penguin [péŋgwin] *n.* 펭귄
propose [prəpóuz] 제안하다, 신청하다

# Qq

[kiu:]
큐-

입술을 둥글게 오므리고 길게 [큐-]한다.

question [kwéstʃən] *n.* 질문
quick [kwik] *a.* 빠른
queen [kwi:n] *n.* 여왕
quiet [kwáiət] *a.* 조용한
quest [kwest] *n.* 탐색, 탐구

# Rr

[a:r]
아알

혀끝을 위로 말아 올리면서 입천장에 닿지 않고 [아알]한다.

read [ri:d] *vt.* 읽다
rich [ritʃ] *a.* 부자의
ring [riŋ] *n.* 고리, 반지
robot [roubət] *n.* 로봇
race [reis] *n.* 경주

# Ss

[es]
에스

[에]를 강하게,[스]를 약하게 한다.

study [stʌ́di] *n.* 학문, 공부
success [səksés] *n.* 성공
summer [sʌ́mər] *n.* 여름
sun [sʌn] *n.* 태양
speak [spi:k] *v.* 말하다

# Tt

[ti:]
티-

혀끝을 윗니에 윗부분에 대고 길게 [티-]한다.

turn [təːrn] *vt.* 돌리다
try [trai] *vt.* 시도하다
type [taip] *n.* 유형
table [téibl] *n.* 탁자
true [tru:] *a.* 진실한

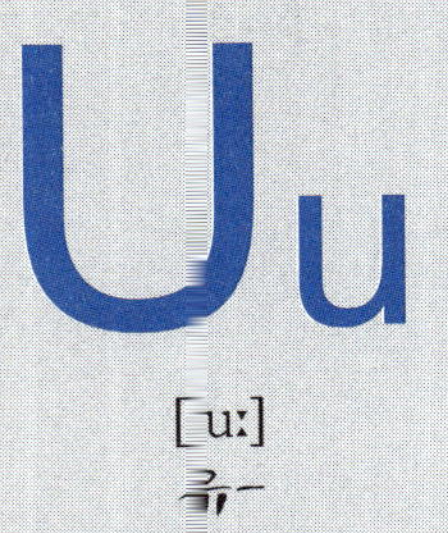

입술을 둥글게 하고 길게 [유ー]한다.

understand [ʌ́nderstǽnd] *vt.* 이해하다

uniform [júːnəfɔːrm] *n.* 제복

uncle [ʌ́ŋkl] *n.* 아저씨

umbrella [ʌmbrélə] *n.* 우산

useful [júːsfəl] *a.* 쓸모있는

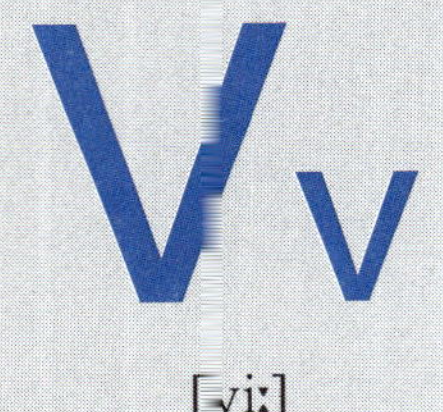

윗니를 아랫입술에 가볍게 대고 [븨] 한다.

victory [víktəri] *n.* 승리

vase [veis] *n.* 꽃병

valley [vǽli] *n.* 골짜기

visit [vízit] *vt.* 방문하다

violin [vaiəlín] *n.* 바이올린

[더]는 강하게, [블]의 [ㅂ]은 B의 [ㅂ]과 같게 한다.

write [rait] *vt.* 쓰다

word [wəːrd] *n.* 낱말, 말

world [wəːrld] *n.* 세계

window [wíndou] *n.* 창문

woman [wumən] *n.* 여자, 부인

[엑]을 강하게 발음하고 [스]를 가볍게 붙인다.

X-ray [éksrei] *a.* 엑스선의

X-mas [krísməs/éksməs] *n.* 크리스마스

Xylophone [záiləfoun] *n.* 실로폰

xtra [ékstrə] *n.* 엑스트라

<table>
<tr>
<td>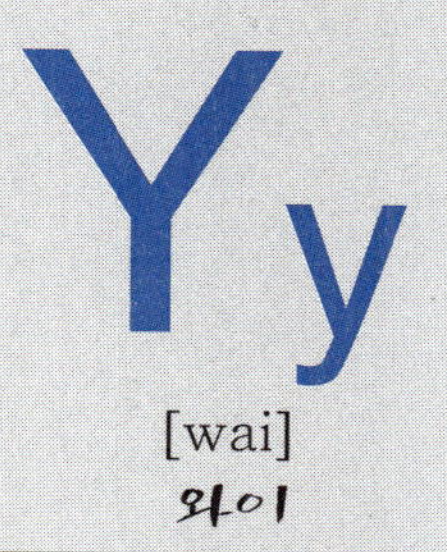<br>**Yy**<br>[wai]<br>와이</td>
<td>[와]를 강하게 촬음하고 [이]를 가볍게 붙인다.<br><br>yard [jɑːrd] *n.* 야드(길이의 단위), 앞마당, 구내<br>year [jiər/jəːr] *n.* 연, 해<br>yellow [jélou] *n.* 노랑<br>yesterday [jéstərdei] *ad.* 어제<br>yacht [jɑt] *n.* 요트</td>
</tr>
<tr>
<td>**Zz**<br>[ziː/zed]<br>지-/젣</td>
<td>C와 같은 방법으로 발음하되 성대를 울린다.<br>(젣은 영국식 발음)<br><br>zipper [zípər] *n.* 지퍼<br>zero [zí(ː)rou] *n.* 제로, 영<br>zigzag [zígzæg] *a.* 지그자그의, 꾸불꾸불한<br>zoo [zuː] *n.* 동물원<br>zeus [zuːs] *n.* 제우스 신</td>
</tr>
</table>

# 발음기호

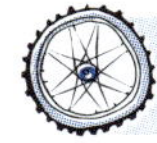 모음 (VOWELS)

## 1. 단모음 (simple vowels)

[i]    이     big [big]  큰

[iː]   이ː    magazine [mǽgəzíːn]  잡지

[e]    에     pen [pen]  펜

[æ]    애     apple [ǽpl]  사과

[a]    아     not [nat]  ~이(가) 아니다

[aː]   아ː    father [fàːðər]  아버지

[ɔː]   오ː    ball [bɔːl]  공, 야구

[u]    우     push [puʃ]  밀다

[uː]   우ː    June [dʒuːn]  6월

[ʌ]    어     come [kʌm]  오다

[ə]    어     arrive [əràiv]  도착하다

[əː]   어ː    purse [pəːrs]  돈주머니, 지갑

## 2. 이중모음 (diphthongs)

[ei]   에이    train [trein]  열차

| [ou] | 오우 | old [ould] 나이 먹은, 늙은 |
| [ai] | 아이 | nice [nais] 좋은 |
| [au] | 아우 | house [haus] 집 |
| [ɔi] | 오이 | boycott [bɔikat] 거래를 거절하다 |
| [iə] | 이어 | hear [hiər] 듣다, 들리다 |
| [ɛə] | 에어 | bear [bɛər] 곰 |
| [uə] | 우어 | hour [áuər] 한 시간 |

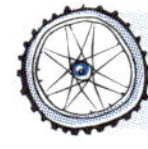 ## 자 음 (CONSONANTS)

## 1. 파열음 (plosives)

| [p] | 프 | play [plei] 놀다 |
| [b] | 브 | black [blæk] 검은 |
| [t] | 트 | ten [ten] 10의 |
| [d] | 드 | dad [dæd] 아빠 |
| [k] | 크 | look [luk] 보다, 바라보다 |
| [g] | 그 | girl [gə:rl] 소녀 |

## 2. 비음 (nasals)

| [m] | 므 | man [mæn] 남자 |

| [n] | 느 | now [nau] 지금 |
| [ŋ] | 잉 | long [lɔːŋ] 긴 |

## 3. 설측음 (plosives)

| [l] | 크 | line [lain] 끈, 선, 줄 |

## 4. 파찰음 (affricatives)

| [tʃ] | 취 | child [tʃaild] 아이 |
| [dʒ] | 쥐 | bridge [bridʒ] 다리 |

## 5. 마찰음 (fricatives)

| [f] | 크 | fine [fain] 훌륭한 |
| [v] | 크 | very [véri] 매우 |
| [θ] | 프 | thank [θæŋk] ~에게 감사합니다 |
| [ð] | 드 | this [ðis] 이것 |
| [s] | 스 | sea [siː] 바다 |
| [z] | 즈 | visit [vízit] 방문하다 |
| [ʃ] | 쉬 | special [spéʃəl] 특별한 |
| [ʒ] | 즈 | visual [víʒuəl] 시각의 |
| [r] | 르 | run [rʌn] 달리다 |

[h] 흐     hello [helóu]  여보, 이봐


## 6. 반모음 (semivowels)

[j] 이     you [juː]  당신
[w] 우     with [wið]  ~와 함께

일러두기 ————————————————————

1. 우리말의 음은 비교적 근접한 발음으로 표기했습니다.
2. 강세는 발음기호에만 표기했습니다.
3. 품사는 약어로 표기했습니다.

동 – 동사　　　　형 – 형용사

타 – 타동사　　　　전 – 전치사

자 – 자동사　　　　부 – 부사

명 – 명사　　　　접 – 접속사

대 – 대명사　　　　감 – 감탄사

# 명사

**1**

# number 명 수, 숫자, 번호

[nʌ́mbər] 넘버

**2**

# one 명 하나, 1

[wʌn] 원

**3**

# two 명 둘, 2

[tuː] 투

**4**

# three 명 셋, 3

[θriː] 쓰리

**5**

# four 명 넷, 4

[fɔ́ːr] 포어

**6**

# five 명 다섯, 5

[faiv] 파이브

**7**

# six 명 여섯, 6

[siks] 씩스

8

## **seven** 명 일곱, 7

[sév(ə)n] 쎄븐

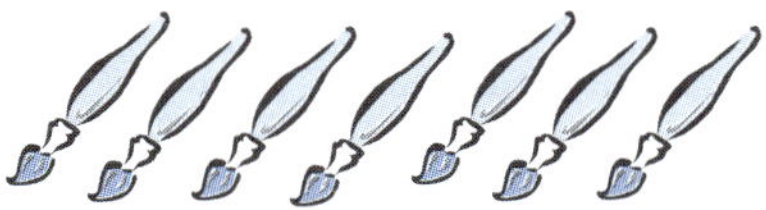

9

## **eight** 명 여덟, 8

[eit] 에잇

10

## **nine** 명 아홉, 9

[nain] 나인

11

## **ten** 명 열, 10

[ten] 텐

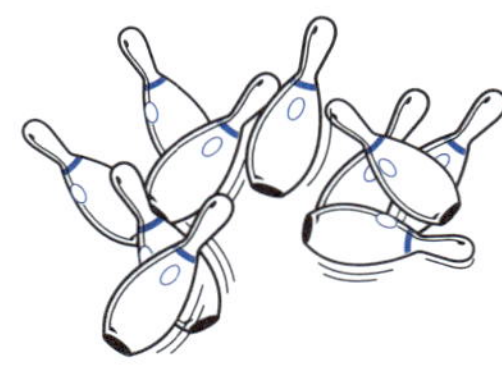

12

## **zero** 명 제로, 0

[zí(ː)rou] 지어로우

13

## **million** 명 백만

[míljən] 밀리언

## 계절

**14**

## season

[síːzn] 시즌

몡 계절

**15**

## spring

[spriŋ] 스프링

몡 봄, 용수철

**16**

## summer

[sʌ́mər] 썸머

몡 여름

**17**

## autumn

[ɔ́ːtəm] 어텀

몡 가을

**18**

## winter

[wíntər] 윈터

몡 겨울

19

**east** 명 동쪽 형 동쪽의

[iːst] 이스트

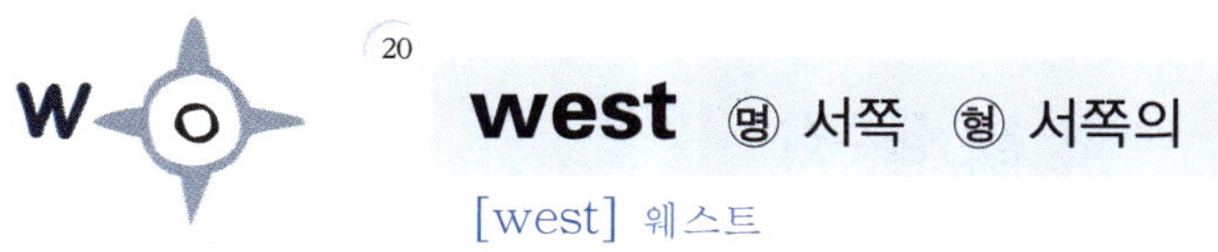

20

**west** 명 서쪽 형 서쪽의

[west] 웨스트

21

**south** 명 남쪽 형 남향의

[sauθ] 사우쓰

22

**north** 명 북쪽 형 북쪽의

[nɔːrθ] 노오쓰

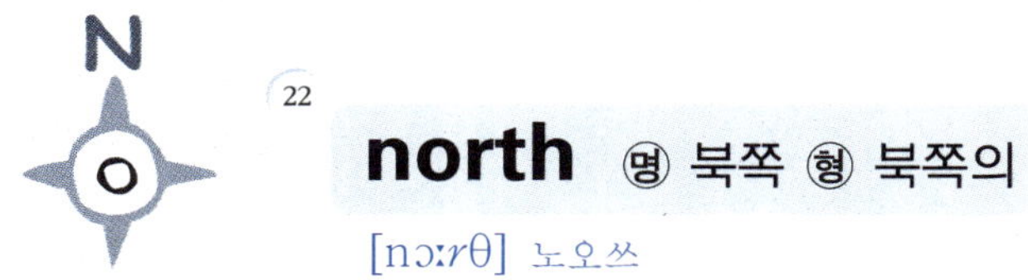

## 가족

**23**

# family 명 가족
[fǽmɪli] 패믈리

**24**

# home 명 가정
[houm] 홈

**25**

# parent 명 부모
[pɛ́(ː)rənt] 페어런트

**26**

# father 명 아버지
[fɑ́:ðər] 파더

**27**

# mother 명 어머니
[mʌ́ðər] 머더

**28**

# ma'am 명 엄마
[məm] 맘

**29**

# dad 명 아빠
[dæd] 대드

**grandfather** 명 할아버지

[grǽndfɑ̀:ðər] 그랜드파더

**grandmother** 명 할머니

[grǽndmʌ̀ðər] 그랜드머더

**brother** 명 형, 오빠, 남동생

[brʌ́ðər] 브라더

**sister** 명 자매, 언니, 여동생

[sístər] 시스터

**son** 명 아들

[sʌn] 썬

**daughter** 명 딸

[dɔ́:tər] 도오터

**36**

## cousin 명 사촌

[kʌzn] 커즌

**37**

## uncle 명 백부, 숙부, 아저씨

[ʌ́ŋkl] 엉클

**38**

## aunt 명 이모, 고모, 숙모, 아주머니

[ɑːnt] 안트

**39**

# health 명 건강

[helθ] 헬쓰

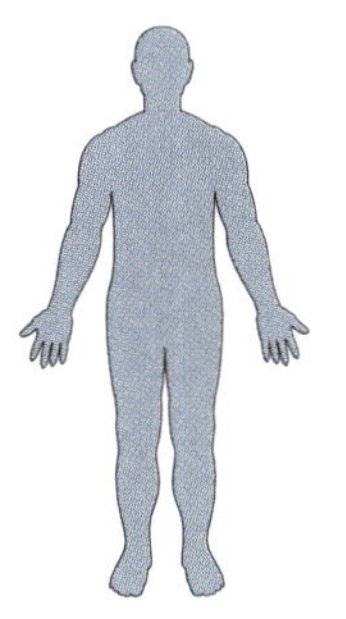

**40**

# body 명 몸

[bádi] 바디

**41**

# head 명 머리

[hed] 헤드

**42**

# hair 명 머리카락

[hɛər] 헤어

**43**

# face 명 얼굴, 낯

[feis] 페이스

**44**

# cheek 명 볼, 뺨

[tʃiːk] 치이크

**45**

**eye** 명 눈
[ai] 아이

**46**

**nose** 명 코
[nouz] 노우즈

**47**

**ear** 명 귀
[iər] 이어

**48**

**mouth** 명 입
[mauθ] 마우쓰

**49**

**tooth** 명 이, 이빨
[tu:θ] 투우쓰

**50**

**lip** 명 입술
[lip] 립

**51**

**tongue** 명 혀, 말
[tʌŋ] 텅

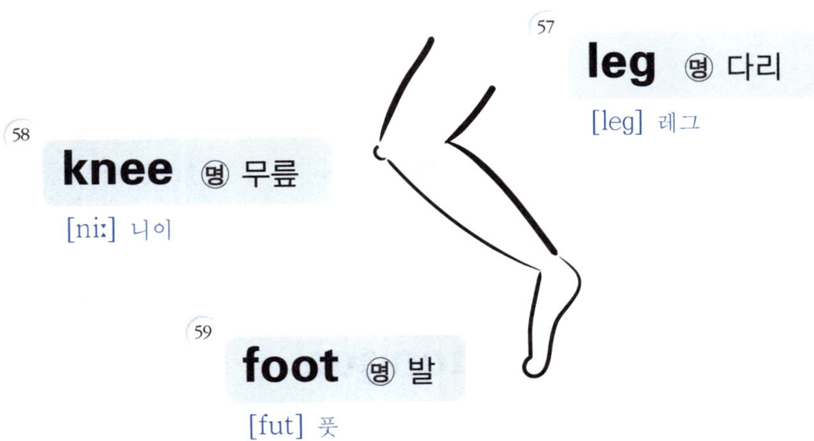

52
neck 명 목
[nek] 넥

53
heart 명 심장, 마음
[haːrt] 하아트

54
arm 명 팔
[aːrm] 아암

55
hand 명 손
[hænd] 핸드

56
finger 명 손가락
[fíŋgər] 핑거

57
leg 명 다리
[leg] 레그

58
knee 명 무릎
[niː] 니이

59
foot 명 발
[fut] 풋

## 색

60
**color** 명 색, 빛깔
[kʌ́lər] 컬러

61
**white** 명 흰색 형 흰, 백색의
[hwait] 화이트

62
**black** 명 검정 형 검은
[blæk] 블랙

63
**yellow** 명 노랑 형 노란
[jélou] 옐로으

64
**blue** 명 파랑 형 푸른
[bluː] 블루

65
**red** 명 빨강 형 붉은
[red] 레드

66 **green** 명 녹색 형 녹색의
[gri:n] 그린

67 **pink** 명 분홍 형 분홍색의
[piŋk] 핑크

68 **brown** 명 갈색 형 갈색의
[braun] 브라운

69 **gray** 명 회색 형 회색의
[grei] 그레이

70 **gold** 명 금, 금빛
[gould] 골드

71 **silver** 명 은, 은색 형 은색의
[sílvər] 실버

## 동물

**72**

# animal ⑲ 동물 ⑲ 동물의

[ǽniməl] 애니멀

**73**

# dog ⑲ 개

[dɔːg] 도그

**74**

# cat ⑲ 고양이

[kæt] 캣

**75**

# tiger ⑲ 호랑이

[táigər] 타이거

**76**

# lion ⑲ 사자

[láiən] 라이언

**77**

# rabbit ⑲ 토끼

[rǽbit] 래빗

<sup>78</sup>
## bear 명 곰

[bɛər] 베어

<sup>79</sup>
## pig 명 돼지

[pig] 피그

<sup>80</sup>
## cow 명 암소, 젖소

[kau] 카우

<sup>81</sup>
## hen 명 암탉

[hen] 헨

<sup>82</sup>
## deer 명 사슴

[diər] 디어

<sup>83</sup>
## horse 명 말

[hɔːrs] 호올스

<sup>84</sup>
## sheep 명 양

[ʃiːp] 쉬이프

**85**

## duck  명 오리

[dʌk] 덕

**86**

## mouse  명 생쥐

[maus] 마우스

**87**

## fish  명 물고기, 생선

[fiʃ] 피쉬

**88**

## dolphin  명 돌고래

[dálfin] 달핀

**89**

## bird  명 새

[bə:rd] 버어드

**90**

## kite  명 솔개, 연

[kait] 카이트

91

## bug 명 곤충, 벌레

[bʌg] 버그

92

## butterfly 명 나비

[bʌ́tərflài] 버터플라이

93

## fly 명 파리 자타 날다

[flai] 플라이

94

## bee 명 꿀벌

[biː] 비이

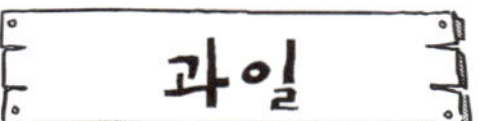



**95**

**fruit** 몡 과일

[fruːt] 푸룻

**96**

**apple** 몡 사과

[ǽpl] 애플

**97**

**banana** 몡 바나나

[bənǽnə] 버내너

**98**

**lemon** 몡 레몬

[lémən] 레몬

**99**

**grape** 몡 포도

[greip] 그레이프

## 100

**peach** 명 복숭아

[piːtʃ] 피이치

## 101

**orange** 명 오렌지  형 오렌지색의

[ɔ́ːrindʒ] 오린지

## 102

**melon** 명 멜론

[mélən] 멜런

## 103

**pear** 명 배, 배나무

[pɛər] 페어

## 104

**tomato** 명 토마토

[təméitou] 터마토우

꽃

105
**flower** 명 꽃
[fláuər] 플라워

106
**tulip** 명 튤립
[t(j)úːlip] 튜울립

107
**rose** 명 장미
[rouz] 로우즈

108
**violet** 명 제비꽃, 보라·색
형 보라빛의
[váiəlit] 바이얼릿

### 109
**bus** 몡 버스

[bʌs] 버스

### 110
**taxi** 몡 택시

[tǽksi] 택시

### 111
**subway** 몡 지하도, 지하철

[sʌ́bwèi] 썹웨이

### 112
**train** 몡 열차 타자 훈련하다

[trein] 트레인

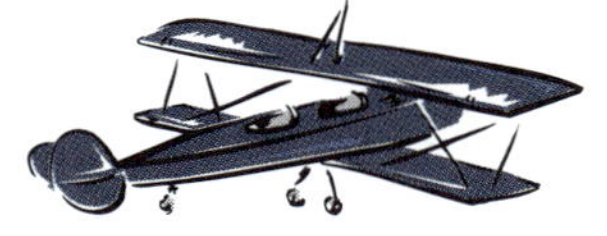

### 113
**plane** 몡 평면, 비행기

[plein] 플레인

114

**ship** 명 배

[ʃip] 쉽

115

**boat** 명 작은 배

[bout] 보트

116

**bicycle** 명 자전거

[báisikl] 바이시클

117

**truck** 명 화물차, 트럭

[trʌk] 트럭

## 118
**space** 명 공간

[speis] 스페이스

## 119
**place** 명 장소, 곳, 위치

[pleis] 플레이스

## 120
**house** 명 집, 가옥

[haus] 하우스

## 121
**gate** 명 문, 출입문

[geit] 게이트

## 122
**door** 명 문

[dɔ́:r] 도어

## 123
**hall** 명 현관, 홀

[hɔ:l] 호올

**124**

# window 명 창문

[wíndow ] 윈도우

**125**

# room 명 방

[ru (ː) m] 룸

**126**

# kitchen 명 부엌

[kítʃin] 키친

**127**

# floor 명 마루

[flɔːr] 플로어

**128**

# stair 명 계단

[stɛər] 스테어

**129**

# roof 명 지붕

[ruːf] 로우프

**130**

# wall 명 벽, 담

[wɔːl] 월

131
## **garden** 명 정원, 뜰

[gáːrdn] 가든

132
## **yard** 명 마당, 울안

[jaːrd] 야아드

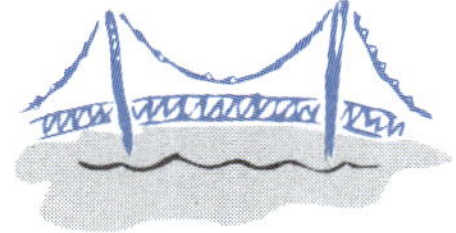

133
## **bridge** 명 다리

[bridʒ] 브리지

134
## **school** 명 학교

[skuːl] 스쿠울

135
## **hospital** 명 병원

[háspitl] 허스피틀

136
## **bank** 명 은행

[bæŋk] 뱅크

137
## **church** 명 교회

[tʃəːrtʃ] 처어치

138 **temple** 명 성당, 사원
[témpl] 템플

139 **apartment** 명 아파트
[əpάːrtmənt] 어파트먼트

140 **library** 명 도서관
[láibrèri] 라이브러리

141 **park** 명 공원
[paːrk] 파아크

142 **farm** 명 농장 타자 경작하다
[faːrm] 파암

143 **dairy** 명 낙농장, 우유점
[dέ(ː)ri] 테어리

144 **zoo** 명 동물원
[zuː] 주우

145 **airport** 명 공항
[έərpɔ̀ːrt] 에어폿

<sup>146</sup>

## village 명 마을

[vílidʒ] 빌리지

<sup>147</sup>

## market 명 시장

[máːrkit] 마아킷

<sup>148</sup>

## store 명 가게, 저장

[stoːr] 스토어

<sup>149</sup>

## shop 명 가게, 공장

[ʃɑp] 숍

<sup>150</sup>

## road 명 길, 도로

[roud] 로우드

<sup>151</sup>

## street 명 거리, 길

[striːt] 스트리이트

<sup>152</sup>

## station 명 정거장

[stéiʃən] 스테이션

## 자연

**153**

# beach ㈅ 바닷가, 해변
[biːtʃ] 비취

**154**

# river ㈅ 강
[rívər] 리버

**155**

# wood ㈅ 나무, 목재, 숲
[wud] 우드

**156**

# tree ㈅ 나무
[triː] 트리이

**157**

# Mt. ㈅ 언덕, 산
[maunt] 마운트

**158**

# hill ㈅ 언덕
[hil] 힐

159
## **field** 명 벌판, 들
[fi:ld] 피일드

160
## **lake** 명 호수
[leik] 레이크

161
## **pool** 명 웅덩이, 풀
[pu:l] 푸울

162
## **jungle** 명 정글, 밀림
[dʒʌ́ŋgl] 정글

163
## **ground** 명 땅, 운동장
[graund] 그라운드

164
## **plant** 명 식물
[plænt] 플랜트

165
## **grass** 명 풀, 잔디
[græs] 그라아스

166

## leaf 명 잎, 나뭇잎, (책의)한 장

[liːf] 리이프

167

## rock 명 바위, 암석

[rɑk] 록

168

## stone 명 돌

[stoun] 스토운

169

## sky 명 하늘

[skai] 스카이

170

## sun 명 태양

[sʌn] 썬

171

## cloud 명 구름

[klaud] 클라우드

172

## star 명 별

[staːr] 스타아

**173**

# moon 명 달

[muːn] 문

**174**

# wind 명 바람, 소문

[wind] 윈드

**175**

# rain 명 비 자타 비가 오다

[rein] 레인

**176**

# snow 명 눈 자타 눈이 오다

[snou] 스노우

**177**

# shower 명 소나기

[ʃáuər] 샤워

**178**

# heat 명 더위, 열

[hiːt] 히이트

### 179
## sand 명 모래
[sænd] 샌드

### 180
## air 명 공기
[ɛər] 에어

### 181
## island 명 섬
[áilənd] 아일런드

### 182
## land 명 육지, 토지, 나라
[læːrd] 랜드

### 183
## earth 명 지구, 땅
[əːrθ] 얼쓰

### 184
## world 명 세계, 지구
[wəːrld] 워얼드

### 185
## country 명 나라, 국가, 시골
[kʌ́ntri] 컨트리

<sup>186</sup>

## town 명 읍, 소도시

[taun] 타운

<sup>187</sup>

## capital 명 수도

[kǽpitl] 캐피틀

<sup>188</sup>

## hiking 명 하이킹, 도보 여행

[háikiŋ] 하이킹

<sup>189</sup>

## travel 명 여행 자타 여행하다

[trǽvl] 트래블

<sup>190</sup>

## trip 명 여행, 소풍

[trip] 트립

<sup>191</sup>

## picnic 명 소풍 자 소풍가다

[píknik] 피크닉

## 예술

**192**

**art** 명 예술, 미술

[ɑːrt] 아트

**193**

**music** 명 음악

[mjúːzik] 뮤직

**194**

**picture** 명 그림, 사진  타 그리다

[píktʃər] 픽쳐

**195**

**alphabet** 명 알파벳

[ǽlfəbèt] 알파벳

**196**

**design** 명 디자인, 설계

[dizáin] 디자인

### 197
**movie** 명 영화, 영화관

[múːvi] 무비

### 198
**opera** 명 오페라, 가극

[áp(ə)rə] 오퍼러

### 199
**dance** 명 춤, 무용 자타 춤추다

[dæns] 댄스

### 200
**song** 명 노래

[sɔːŋ] 쏭

### 201
**piano** 명 피아노

[piǽnou] 피애노우

### 202
**guitar** 명 기타

[gitáːr] 기타아

## 사람들

**203**

# people 명 사람들, 국민

[píːpl] 피플

**204**

# baby 명 아기

[béibi] 베이비

**205**

# kid 명 아이, 새끼 염소

[kid] 키드

**206**

# child 명 아이

[tʃaild] 차일드

**207**

# boy 명 소년

[bɔi] 보이

**208**

# girl 명 소녀

[gəːrl] 거얼

209
## man 명 남자, 사람
[mæn] 맨

210
## woman 명 여자, 부인
[wúmən] 우먼

211
## lady 명 숙녀
[léidi] 레이디

212
## Mr. 명 ~씨
[místər] 미스터

213
## Mrs. 명 ~부인
[mísiz] 미시즈

214
## Miss 명 ~양
[mis] 미스

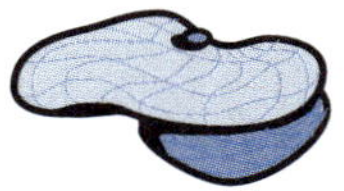

215
## artist 명 예술가, 미술가
[á:rtist] 아티스트

**216 doctor** 명 의사, 박사

[dάktər] 닥터

**217 dentist** 명 치과의사

[déntist] 덴티스트

**218 police** 명 경찰

[pəlíːs] 펄리스

**219 nurse** 명 간호사

[nəːrs] 너얼스

**220 student** 명 학생

[stjúːdənt] 스튜우던트

**221 pilot** 명 조종사

[páilət] 파이럿

**222 author** 명 저자, 창조자

[ɔ́ːθər] 어서

**223 god** 명 신, 조물주

[gad] 갓

**224**

## friend (명) 친구

[frend] 프렌드

**225**

## classmate (명) 급우

[klǽsmèit] 클레스메이트

**226**

## guest (명) 손님

[gest] 게스트

**227**

## guide (명) 안내자 (타) 안내하다

[gaid] 가이드

**228**

## captain (명) 두목, 선장

[kǽptin] 캡틴

**229**

## chief (명) 우두머리, 지도자

[tʃi:f] 치이프

**230**

## ruler (명) 통치자

[rú:lər] 루울러

**231**

## citizen ⑲ 시민

[sítizn] 시티즌

**232**

## nation ⑲ 국민, 국가

[néiʃən] 네이션

**233**

## king ⑲ 왕

[kiŋ] 킹

**234**

## queen ⑲ 왕비, 여왕

[kwiːn] 퀸

**235**

## hero ⑲ 영웅

[hí(ː)rou] 히어로우

**236**

## thief ⑲ 도둑, 절도

[θiːf] 시이프

**237**

## devil ⑲ 악마

[dévl] 데블

# 음식

**238**

## food 명 음식

[fuːd] 푸드

**239**

## dish 명 접시, 요리

[diʃ] 디쉬

**240**

## bowl 명 사발, 대접

[boul] 보울

**241**

## spoon 명 숟가락

[spuːn] 스푼

**242**

## knife 명 칼

[naif] 나이프

**243**

## beef 명 소고기

[biːf] 비이프

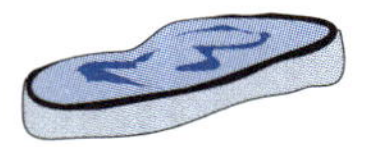

**244**

## meat 명 고기

[miːt] 미이트

**245** **chicken** 명 닭고기

[tʃíkin] 치킨

**246** **salad** 명 샐러드

[sǽləd] 샐러드

**247** **potato** 명 감자

[pətéitou] 포테이토우

**248** **egg** 명 달걀, 알

[eg] 에그

**249** **rice** 명 쌀, 밥

[rais] 라이스

**250** **soup** 명 수프

[suːp] 수우프

**251** **cheese** 명 치즈

[tʃiːz] 치이즈

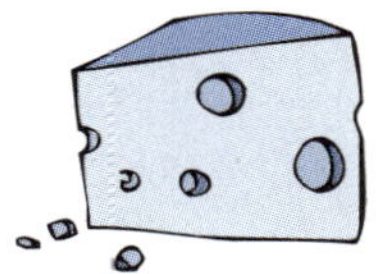

**252**

## bread 몡 빵

[bred] 브레드

**253**

## salt 몡 소금

[sɔːlt] 서얼트

**254**

## sugar 몡 설탕

[ʃúgər] 슈거

**255**

## dessert 몡 디저트, 후식

[dizə́ːrt] 디저트

**256**

## nut 몡 견과(땅콩, 호두 등)

[nʌt] 넛

**257**

## candy 몡 사탕

[kǽndi] 캔디

**258**

## cake 몡 케잌

[keik] 케이크

**259**

## butter 몡 버터

[bʌ́tər] 버터

**260**

## juice 몡 주스

[dʒuːs] 쥬우스

**261**

## milk 몡 우유, 젖

[milk] 밀크

**262**

## water 몡 물

[wɔ́ːtər] 워어터

**263**

## ice 몡 얼음

[ais] 아이스

**264**

## glass 몡 유리, 컵

[glæs] 글래스

**265**

## cup 몡 잔, 컵

[kʌp] 컵

**266**

# breakfast 명 아침식사

[brékfəst] 브랙퍼스트

**267**

# lunch 명 점심, 도시락

[lʌntʃ] 런치

**268**

# supper 명 저녁식사

[sʌ́pər] 서퍼

**269**

# dinner 명 정찬, 만찬

[dínər] 디너

## 때, 시간

**270**

# time 명 때, 시간

[taim] 타임

**271**

# o'clock 명 ~시(時)

[əklák] 어클락

**272**

# morning 명 아침

[mɔ́ːrniŋ] 모닝

**273**

# afternoon 명 오후, 오후의

[æftərnúːn] 앱터눈

**274**

# A.M. 명 오전

[éiém] 에이엠

**275**

# P.M. 명 오후

[píːém] 피엠

276

## evening 명 저녁, 해질 무렵

[íːvniŋ] 이브닝

277

## night 명 밤

[nait] 나이트

278

## today 명부 오늘, 현재, 오늘날

[tədéi] 터데이

279

## tonight 명부 오늘밤

[tənáit] 터나잇

280

## year 명 년, 해, 나이

[jiər] 이어

281

## month 명 월, 달

[mʌnθ] 먼쓰

282

## week 명 주, 일주일

[wiːk] 위이크

**283**

# day 명 날, 하루

[dei] 데이

**284**

# date 명 날짜

[deit] 데이트

**285**

# hour 명 한 시간

[auər] 아워

**286**

# minute 명 분(分), 순간

[mínit] 미닛

**287**

# holiday 명 휴일

[há)lədèi] 헐러디

**288**

# birthday 명 생일

[bə́ːrθdèi] 벌쓰데이

**289**

## gift 명 선물

[gift] 기프트

**290**

## book 명 책

[buk] 북

**291**

## toy 명 장난감

[tɔi] 토이

**292**

## ball 명 공

[bɔːl] 보올

**293**

## candle 명 양초

[kǽndl] 캔들

**294**

## ribbon 명 리본

[ríbən] 리번

295

## doll 명 인형
[dɑl] 달

296

## card 명 카드, 트럼프, 엽서
[kɑːrd] 카드

297

## bell 명 종, 초인종
[bel] 벨

298

## pen 명 펜, 펜촉
[pen] 펜

299

## pencil 명 연필
[pénsl] 펜슬

300

## balloon 명 풍선, 기구  자 부풀다
[bəlúːn] 벌룬

**301**

**clothes** 명 옷, 의복

[klouðz] 클로우드즈

**302**

**dress** 명 의복 타자 옷을 입다

[dres] 드레스

**303**

**coat** 명 상의, 외투

[kout] 코우트

**304**

**shirt** 명 셔츠

[ʃə:rt] 셔어츠

**305**

**pants** 명 바지

[pænts] 팬츠

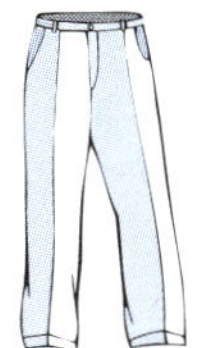

**306**

**skirt** 명 스커트

[skə:rt] 스커어트

**307**

## bag 명 가방

[bæg] 백

## shoe 명 신, 구두

**308**

[ʃuː] 슈우

**309**

## cap 명 모자

[kæp] 캡

**310**

## hat 명 모자(테가 있는)

[hæt] 햇

**311**

## clock 명 시계

[klɑk] 클럭

**312**

## watch 명 손목시계 타자 지켜보다

[watʃ] 워치

**313**

## glove 명 장갑

[glʌv] 글러브

314

## hose 명 긴 양말, 호스

[houz] 호우즈

315

## sock 명 짧은 양말

[sɑk] 싹

316

## belt 명 혁대

[belt] 벨트

317

## pocket 명 호주머니, 지갑

[pákit] 포킷

318

## button 명 단추, 버튼

[bʌ́tn] 버튼

319

## ring 명 고리, 반지

[riŋ] 링

## 생활용품

**320**

# bed 명 침대

[bed] 베드

**321**

# desk 명 책상

[desk] 데스크

**322**

# table 명 탁자, 식탁

[téibl] 테이블

**323**

# chair 명 의자

[tʃɛər] 체어

**324**

# bench 명 긴 의자

[bentʃ] 벤취

**325**

# radio 명 라디오

[réidiòu] 레이디오우

**326**

## camera 명 사진기

[kǽmərə] 캐머러

**327**

## phone 명 전화

[foun] 폰

**328**

## film 명 필름

[film] 필름

**329**

## mirror 명 거울

[mírər] 미러

**330**

## soap 명 비누

[soup] 솝

**331**

## brush 명 솔

[brʌʃ] 브러쉬

**332**

## towel 명 수건

[táuəl] 타월

**333**

## curtain 명 커튼

[kə́ːrtən] 커어튼

**334**

## sheet 명 시트, 홑이불

[ʃiːt] 쉬이트

**335**

## carpet 명 융단, 양탄자

[káːrpit] 카핏

**336**

## stove 명 난로

[stouv] 스토우브

**337**

## car 명 차, 자동차

[kaːr] 카아

**338**

## crayon 명 크레용

[kréiən] 크레이언

**339**

## paper 명 종이

[péipər] 페이퍼

**340**

## chalk 명 분필

[tʃɔːk] 초오크

**341**

## board 명 판자, 칠판

[bɔːrd] 보드

**342**

## map 명 지도

[mæp] 맵

**343**

## bottle 명 병

[bátl] 보틀

**344**

## mail 명 우편, 우편물

[meil] 메일

**345**

## letter 명 편지

[létər] 레터

**346**

## diary 명 일기

[dáiəri] 다이어리

**347**

**key** 명 열쇠

[ki:] 키

**348**

**band** 명 띠, 끈  자타 끈으로 묶다

[bænd] 밴드

**349**

**can** 명 깡통, 통조림  조 ~할 수 있다

[kæn] 캔

**350**

**box** 명 상자

[bɑks] 박스

**351**

**basket** 명 바구니

[bǽskit] 바스킷

**352**

**lamp** 명 등불

[læmp] 램프

**353**

**balance** 명 저울, 균형

[bǽləns] 밸런스

**354**

## meter 명 계량기

[míːtər] 미이터

**355**

## dial 명 다이얼

[dáiəl] 다이얼

**356**

## stamp 명 도장, 소인

[stæmp] 스탬프

**357**

## ink 명 잉크

[iŋk] 잉크

**358**

## medal 명 메달, 훈장

[médl] 메들

**359**

## pin 명 핀, 못, 바늘

[pin] 핀

**360**

## cream 명 크림

[kriːm] 크리임

**361**

**flag** 명 기, 깃발

[flæg] 플래그

**362**

**broom** 명 비　타 비로 쓸다

[bru(ː)m] 브룸

**363**

**comb** 명 빗　타 빗질하다

[koum] 코움

**364**

**money** 명 돈, 재산

[mʌ́ni] 머니

**365**

**coin** 명 돈, 주화

[kɔin] 코인

**366**

**dollar** 명 달러

[dálər] 달러

**367**

**cash** 명 현금　타 현금으로 지불하다

[kæʃ] 캐쉬

368
## group 명 무리, 집단
[gruːp] 그룹

369
## lead 명 지휘, 선도
[liːd] 리이드

370
## name 명 이름
[neim] 네임

371
## age 명 나이, 햇수
[eidʒ] 에이쥐

372
## zone 명 지대, 구역
[zoun] 조운

373
## address 명 주소
[ədrés] 어드레스

374
## team 명 팀, 패
[tiːm] 티임

375
## club 명 클럽, 동호회, 곤봉
[klʌb] 클럽

376
## circle 명 원, 동아리
[sə́ːrkl] 써클

377
## class 명 학급, 반, 계급
[klæs] 클래스

378
## lesson 명 학과, 수업
[lésn] 레슨

379
## college 명 단과대학
[kálidʒ] 컬리지

## company 명 회사, 동료, 교제

[kʌ́mpəni] 컴퍼니



## army 명 육군, 군대

[áːrmi] 아미

## rule 명 규칙, 지배

[ruːl] 루울

## 행위

383

### act 명 행위 자 행동하다
[ækt] 액트

384

### job 명 일, 직업
[dʒɑb] 좝

385

### work 명 일, 작업
[wəːrk] 워어크

386

### business 명 사무, 영업, 사업
[bíznis] 비즈니스

387

### copy 명 복사, 사본
[kápi] 카피

<sup>388</sup>
## game 몧 놀이, 경기

[geim] 게임

<sup>389</sup>
## fun 몧 장난, 재미

[fʌn] 펀

<sup>390</sup>
## sport 몧 스포츠, 오락, 운동

[spɔ:rt] 스포오트

<sup>391</sup>
## score 몧 득점, 점수

[skɔ:r] 스코어

<sup>392</sup>
## soccer 몧 축구

[sákər] 싸커

<sup>393</sup>
## tennis 몧 테니스

[ténis] 테니스

<sup>394</sup>
## golf 몧 골프

[gɑlf] 고올프

**395**

# swim 명 수영

[swim] 스윔

**396**

# bath 명 목욕

[bæθ] 배쓰

**397**

# camp 명 야영, 텐트생활 자 야영하다

[kæmp] 캠프

**398**

# lie 명 거짓말 자 눕다

[lai] 라이

**399**

# concert 명 합주, 연주회

[kánsə(ː)rt] 컨서트

**400**

# kiss 명 키스, 입맞춤

[kis] 키스

**401**

# march 명 행진 자타 행진하다

[maːrtʃ] 마아치

**402**

## lot 명 제비뽑기, 몫

[lɑt] 럿

**403**

## try 명 시도  타자 시도하다, 해보다

[trai] 트라이

**404**

## test 명 시험, 검사

[test] 테스트

**405**

## pass 명 합격  자타 지나가다, 합격하다

[pæs] 패스

**406**

## control 명 지배, 관리  타 지배하다

[kəntróul] 컨트롤

**407**

## start 명 출발  자타 출발하다

[stɑːrt] 스타아트

408
**touch** 명 접촉 자타 대다, 닿다
[tʌtʃ] 터치

409
**cure** 명 치료 타 치료하다
[kjuər] 큐어

410
**note** 명 기록, 각서
[nout] 노우트

411
**plan** 명 계획 타자 계획하다
[plæn] 플랜

412
**study** 명 공부 타자 연구하다
[stʌ́di] 스터디

413
**rest** 명 휴식 자타 쉬다
[rest] 레스트

414
**roll** 명 회전 타자 굴리다
[roul] 로울

415

## **story** 명 이야기

[stɔ́ːri] 스토리

416

## **chat** 명 잡담  자 잡담하다

[tʃæt] 챗

417

## **debate** 명 토론, 논쟁  타자 논쟁하다

[dibéit] 디베이트

418

## **contest** 명 논쟁, 경쟁, 경연  자타 겨루다, 다투다

[kántest] 컨테스트

419

## **battle** 명 전투

[bǽtl] 배틀

420

## **fight** 명 싸움, 전투

[fait] 파이트

421

## **quarrel** 명 싸움, 말다툼

[kwɔ́ːrəl] 쿼럴

## 기분, 감정

**422**

**life** 몡 생명, 삶

[laif] 라이프

**423**

**joy** 몡 기쁨

[dʒɔi] 조이

**424**

**anger** 몡 노여움　타 성나게 하다

[ǽŋɡər] 앵거

**425**

**hope** 몡 희망, 기대

[houp] 호웁

**426**

**dream** 몡 꿈　자타 꿈꾸다

[driːm] 드림

**427**

**light** 몡 빛　형 밝은

[lait] 라이트

**luck** 명 행운

[lʌk] 럭



**love** 명 사랑 타자 사랑하다

[lʌv] 러브

**peace** 명 평화

[piːs] 피이스



**mood** 명 기분, 감정

[muːd] 무드

**idea** 명 생각

[aidíːə] 아이디어



**chance** 명 기회

[tʃæns] 챤스

**434**

# choice 명 선택

[tʃɔis] 초이스

**435**

# pick 명 선택 타 자 고르다

[pik] 픽

**436**

# danger 명 위험, 위험물

[déindʒər] 데인저

**437**

# advice 명 충고, 조언

[ədváis] 어드바이스

**438**

# care 명 근심, 걱정 자 염려하다

[kɛər] 케어

**439**

# pardon 명 용서 타 용서하다

[páːrdn] 파아든

440
## thank 명 감사  타 감사하다
[θæŋk] 쌩크

441
## pity 명 동정, 연민
[píti] 피티

442
## hurry 명 서두름  자타 서두르다
[hə́ːri] 허리

443
## alarm 명 놀람, 경보
[əlɑ́ːrm] 알람

444
## wonder 명 놀라움
[wʌ́ndər] 원더

445
## need 명 필요  타 필요로 하다
[niːd] 니이드

## 그 밖의 명사들

**446**

## ticket 명 표, 입장권, 승차권
[tíkit] 티킷

**447**

## bubble 명 거품
[bʌ́bl] 버블

**448**

## paste 명 풀, 반죽한 것
[peist] 페이스트

**449**

## handle 명 손잡이, 자루
[hǽndl] 핸들

**450**

## stick 명 막대기
[stik] 스틱

**451**

## drum 명 북 타자 북을 치다
[drʌm] 드럼

452

## bomb （명） 폭탄

[bɑm] 범

453

## hole （명） 구멍

[houl] 호울

454

## line （명） 선, 끈

[lain] 라인

455

## wing （명） 날개

[wiŋ] 윙

456

## drop （명） 물방울 （자）（타） 떨어지다

[drɑp] 드롭

457

## post （명） 기둥, 우편

[poust] 포우스트

458

## oil （명） 기름

[ɔil] 오일

**459**

## pipe 명 관, 파이프, 피리

[paip] 파이프

**460**

## rod 명 막대

[rad] 로드

**461**

## smoke 명 연기, 흡연 자타 담배를 피우다

[smouk] 스모크

**462**

## steam 명 증기, 김

[stiːm] 스티임

**463**

## poster 명 포스터, 벽보

[póustər] 포우스터

**464**

## robot 명 로봇, 인조인간

[róubət] 로봇

**465**

## rocket 명 로케트

[rákit] 로킷

466
# half 명 절반 형 절반의
[hɑːf] 하아프

467
# pair 명 한 쌍
[pɛər] 페어

468
# set 명 한 벌 타자 놓다
[set] 쎗

469
# suit 명 한 벌, 슈트, 소송
[suːt] 슈우트

470
# piece 명 한 조각, 단편
[piːs] 피이스

471
# page 명 페이지, 면
[peidʒ] 페이쥐

**472**

## sight  명 시각, 봄, 조망

[sait] 싸이트

**473**

## style  명 스타일, 모양

[stail] 스타일

**474**

## taste  명 맛  타자 맛보다

[teist] 테이스트

**475**

## sound  명 소리

[saund] 싸운드

**476**

## tear  명 눈물

[tiər] 티어

**477**

## speed  명 속도, 빠름

[spi:d] 스피이드

**478**

## size  명 크기

[saiz] 싸이즈

479

## word 명 말, 단어

[wə:rd] 워어드

480

## step 명 걸음

[step] 스텝

481

## voice 명 목소리

[vɔis] 보이스

482

## sign 명 기호, 신호

[sain] 싸인

483

## detail 명 세부

[díːteil] 디테일

484

## sort 명 종류  타 분류하다

[sɔːrt] 소오트

485
## center 몡 중앙
[séntər] 센터

486
## middle 몡 중앙 혱 한가운데의
[mídl] 미들

487
## front 몡 앞쪽 혱 정면의
[frʌnt] 프런트

488
## corner 몡 구석, 모퉁이
[kɔ́ːrnər] 코너

489
## side 몡 측면
[said] 싸이드

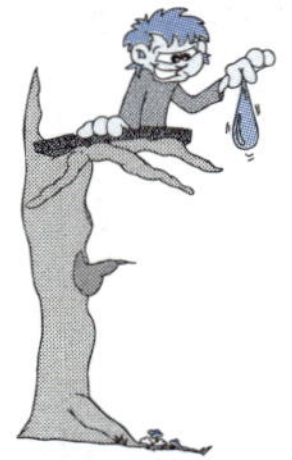

490
## top 몡 꼭대기
[tɑp] 톱

491
## point 몡 뾰족한 끝, 점
[pɔint] 포인트

492

## course 명 진행, 진로

[kɔːrs] 코오스

493

## end 명 마지막, 끝

[end] 앤드

494

## cross 명 십자형 타 교차시키다

[krɔːs] 크로스

495

## news 명 뉴스

[njuːz] 뉴우즈

496

## topic 명 화제

[tápik] 토픽

497

## fact 명 사실

[fækt] 펙트

498

## case 명 경우, 상자

[keis] 케이스

499

## base 명 기초  타 기초를 두다

[beis] 베이스

500

## volume 명 부피, 용적, 책

[válju(:)m] 볼륨

501

## career 명 생애, 경력

[kəríər] 커리어

502

## burden 명 무거운 짐, 부담

[bə́:rdn] 버든

503

## clinic 명 임상 강의, 진료소

[klínik] 클리닉

**504**

## object 명 물건, 물체

[ábdʒikt] 어브직트

**505**

## matter 명 물질, 재료

[mǽtər] 매러

**506**

## motor 명 원동력, 모터

[móutər] 모우터

**507**

## noise 명 소음

[nɔiz] 노이즈

**508**

## custom 명 습관, 관례

[kʌstəm] 커스텀

**509**

## practice 명 습관, 실행, 실습

[prǽktis] 프랙티스

510
**proof** 몡 증명, 증거

[pru:f] 프루프

511
**quality** 몡 질, 품질, 성질

[kwáliti] 퀄러티

512
**seat** 몡 좌석  타 앉게 하다

[si:t] 시이트

513
**model** 몡 모형, 모델

[mádl] 모들

514
**shape** 몡 모양, 형태

[ʃeip] 쉐이프

515
**square** 몡 정사각형  형 네모의

[skwɛər] 스퀘어

516

## way 명 길, 진로, 방향

[wei] 웨이

517

## use 명 사용, 효용

[juːz] 유우스

518

## weight 명 무게, 중량  타 무겁게 하다

[weit] 웨이트

519

## accent 명 강세  타 악센트를 붙이다

[ǽksent] 액선트

520

## ceiling 명 천장, 한계

[síːliŋ] 시일링

521

## subject 명 주제, 학과

[sʌ́bdʒikt] 써브직트

**522**

## charm 명 매력, 마력

[tʃɑːrm] 차암

**523**

## duty 명 의무, 임무

[d(j)úːti] 듀티

**524**

## benefit 명 이익

[bénifit] 베니핏

**525**

## article 명 기사, 조항

[áːrtikl] 아티클

# 형용사

**526**

# big ⑱ 큰
[big] 빅

**527**

# large ⑱ 큰, 넓은
[lɑːrdʒ] 라아쥐

**528**

# tall ⑱ 키가 큰
[tɔːl] 톨

**529**

# small ⑱ 작은
[smɔːl] 스몰

**530**

# long ⑱ 긴, 오랜
[lɔːŋ] 롱

**531**

# short ⑱ 짧은
[ʃɔːrt] 쇼오트

**532**

# high ⑱ 높은
[hai] 하이

**533**

# low ⑱ 낮은 ⑲ 낮게
[lou] 로우

**534**

## nice ㊉ 좋은, 멋진

[nais] 나이스

**535**

## fine ㊉ 훌륭한, 멋진

[fain] 파인

**536**

## good ㊉ 좋은, 훌륭한

[gud] 굳

**537**

## great ㊉ 위대한, 훌륭한

[greit] 그레이트

**538**

## bad ㊉ 나쁜

[bæd] 배드

**539**

## evil ㊉ 나쁜

[íːvəl] 이블

**540**

# glad ⑲ 기쁜, 즐거운
[glæd] 글래드

**541**

# happy ⑲ 행복한, 기쁜
[hǽpi] 해피

**542**

# sad ⑲ 슬픈
[sæd] 쎄드

**543**

# angry ⑲ 성난, 노한
[ǽŋgri] 앵그리

**544**

# pretty ⑲ 예쁜, 귀여운
[príti] 프리티

**545**

# dear ⑲ 친애하는
[diər] 디어

**546**

# darling ⑲ 귀여운 ⑲ 귀여운 사람
[dá:rliŋ] 다알링

547
## beautiful ⑲ 아름다운, 훌륭한
[bjúːtifəl] 뷰리풀

548
## kind ⑲ 친절한 ⑲ 종류
[kaind] 카인드

549
## gentle ⑲ 온화한, 친절한
[dʒéntl] 젠틀

550
## free ⑲ 자유로운
[friː] 프리이

551
## sorry ⑲ 미안한
[sári] 써어리

552
## fresh ⑲ 신선한, 상쾌한
[freʃ] 프레쉬

553
## new ⑲ 새로운
[njuː] 뉴우

**554**

# young 혱 젊은

[jʌŋ] 영

**555**

# old 혱 오래된, 늙은

[ould] 올드

**556**

# busy 혱 바쁜

[bízi] 비지

**557**

# late 혱 늦은

[leit] 레이트

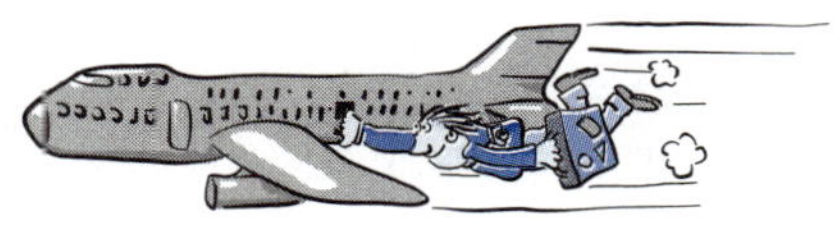

**558**

# quick 혱 빠른, 신속한 분 빨리

[kwik] 퀵

**559**

# fast 혱 빠른

[fæst] 패스트

**560**

# slow 혱 느린

[slou] 슬로우

561

## many ㊗ 많은, 다수의

[méni] 메니

562

## much ㊗ 많은 ㊗ 매우

[mʌtʃ] 머치

563

## few ㊗ 적은, 거의 없는

[fjuː] 퓨우

564

## wide ㊗ 폭이 넓은

[waid] 와이드

565

## narrow ㊗ 폭이 좁은

[nǽrou] 내로우

566

## thick ㊗ 두꺼운, 굵은

[θik] 식

567

## round ㊗ 둥근 ㊗ ~의 주위에

[raund] 라운드

**568**

## same ㉠ 같은, 동일한 ㉣ 마찬가지로

[seim] 쎄임

**569**

## clean ㉠ 깨끗한

[kli:n] 클린

**570**

## dirty ㉠ 더러운

[də́:rti] 더어티

**571**

## bright ㉠ 밝은

[brait] 브라이트

**572**

## dark ㉠ 어두운 ㉡ 어둠

[dɑ:rk] 다아크

**573**

## warm ㉠ 따뜻한

[wɔ:rm] 웜

**574**

## cool ㉠ 시원한, 차가운

[ku:l] 쿨

**575**

## hot ⑱ 뜨거운, 더운

[hat] 헛

**576**

## cold ⑱ 추운

[kould] 코울드

**577**

## dry ⑱ 마른, 건조한

[drai] 드라이

**578**

## wet ⑱ 젖은

[wet] 웻

**579**

## moist ⑱ 축축한

[mɔist] 모이스트

**580**

## rich ⑱ 부유한, 풍부한

[ritʃ] 리치

**581**

## poor ⑱ 가난한

[puər] 푸어

**582**

## quiet ⑱ 조용한

[kwáiət] 콰이어트

**583**

## still ⑱ 조용한, 정지한  ⑲ 아직, 여전히

[stil] 스틸

**584**

## loud ⑱ 소리가 큰, 시끄러운

[laud] 라우드

**585**

## easy ⑱ 쉬운

[íːzi] 이지

**586**

## hard ⑱ 딱딱한, 어려운

[haːrd] 하아드

**587**

## simple ⑱ 간단한, 단순한

[símpl] 심플

**588**

## complex ⑱ 복잡한

[kəmpléks] 콤플렉스

## soft ⑱ 부드러운, 온화한

[sɔːft] 쏘프트




## sweet ⑱ 달콤한  ⑲ 단 것

[swiːt] 스위트




## strong ⑱ 강한

[strɔːŋ] 스트롱




## heavy ⑱ 무거운

[hévi] 헤비

## deep ⑱ 깊은

[diːp] 디이프




## safe ⑱ 안전한

[seif] 세이프

**595**

# hungry ⑱ 배고픈

[hʌ́ŋgri] 헝그리

**596**

# full ⑱ 충분한, 가득 찬

[ful] 풀

**597**

# enough ⑱ 충분한

[inʌ́f] 이너프

**598**

# cheap ⑱ 값싼

[tʃiːp] 치이프

**599**

# famous ⑱ 유명한

[féiməs] 페이머스

**600**

# brave ⑱ 용감한, 화려한

[breiv] 브레이브

601

## **awful** ⓗ 무서운, 대단한, 장엄한

[ɔ́ːfəl] 어풀

602

## **afraid** ⓗ 두려워하는, 걱정하는

[əfréid] 어프레이드

603

## **mad** ⓗ 미친

[mæd] 매드

604

## **cruel** ⓗ 잔인한, 비참한

[krúːəl] 크루얼

605

## **raw** ⓗ 날것의

[rɔː] 로오

606

## **deaf** ⓗ 귀머거리의

[def] 데프

607

## tired ⑱ 피로한, 지친
[taiərd] 타이어드

608

## fat ⑱ 살찐
[fæt] 팻

609

## thirsty ⑱ 목마른
[θə́:rsti] 썰스티

610

## ill ⑱ 건강이 나쁜, 병든
[il] 일

611

## sick ⑱ 병든
[sik] 식

612

## novel ⑱ 새로운, 신기한 ⑲ 소설
[návəl] 노벌

613

## real ⑱ 실재하는, 현실의
[rí:əl] 리얼

614

## empty  ⑱ 빈, 공허한

[émpti] 엠프티

615

## fool  ⑱ 어리석은  ⑲ 바보

[fuːl] 풀

616

## stupid  ⑱ 어리석은

[stjúːpid] 스튜우피드

617

## capable  ⑱ 유능한

[kéipəbl] 케이퍼블

618

## sure  ⑱ 확신하는, 틀림없는

[ʃuər] 슈어

619

## certain  ⑱ 확실한, 틀림없는

[sə́ːrtin] 썰튼

**620**

## ready 형 준비된 타 준비하다

[rédi] 레디

**621**

## every 형 모든, 일체의

[évri] 에브리

**622**

## all 형 모든

[ɔ:l] 올

**623**

## first 형 첫째의, 최초의

[fə:rst] 퍼스트

**624**

## central 형 중심의

[séntrəl] 센트럴

**625**

## just 형 올바른 부 정확히, 다만

[dʒʌst] 저스트

**626**

## fair 형 공정한

[fɛər] 페어

**627**

# straight ㉖ 곧은, 똑바른

[streit] 스트레이트

**628**

# right ㉖ 바른, 곧은  ㉗ 바르게

[rait] 라잇

**629**

# left ㉖ 왼쪽의  ㉗ 왼쪽에  ㉕ 왼쪽

[left] 레프트

**630**

# both ㉖ 양쪽의  ㉘ 둘 다

[bouθ] 보우쓰

**631**

# other ㉖ 그 밖의

[ʌ́ðər] 어더

**632**

# next ㉖ 다음의

[nekst] 넥스트

**633**

# last ㉖ 마지막의

[læst] 라스트

**634**

## extra ⑱ 여분의, 특별한

[ékstrə] 엑스트러

**635**

## aware ⑱ 알아차리고

[əwɛ́ər] 어웨어

**636**

## popular ⑱ 민중의, 인기 있는

[pápjulər] 퍼퓰러

**637**

## civil ⑱ 시민의

[sív(ə)l] 시빌

**638**

## moral ⑱ 도덕의

[mɔ́ːrəl] 모럴

**639**

## some ⑱ 어떤, 어느

[sʌm] 썸

640

## usual ⑱ 보통의

[júːʒuəl] 유주얼리

641

## casual ⑱ 우연의, 되는 대로의

[kǽʒuəl] 캐주얼

642

## brief ⑱ 잠시의, 간결한

[briːf] 브리이프

643

## present ⑱ 출석한, 현재의  ⑲ 현재, 선물

[préznt] 프레즌트

644

## absent ⑱ 부재의, 결석한  ⑭ 결석하다

[ǽbsənt] 앱슨트

# 동사

645

## be 困 ~이다, 있다
[bi] 비

646

## become 困围 ~이 되다
[bikʌ́m] 비컴

647

## do 魯 하다
[duː] 두

648

## like 困围 좋아하다  혱 비슷한
[laik] 라이크

649

## enjoy 围 즐기다
[endʒɔ́i] 엔조이

650

## please 围困 기쁘게 하다
[pliːz] 플리즈

651

## smile 困 미소짓다  명 미소
[smail] 스마일

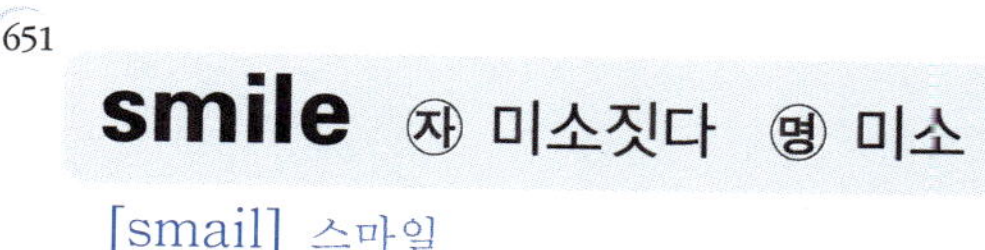

652

**laugh** 자타 웃다, 비웃다

[lɑːf] 라아프

653

**cry** 자타 소리치다, 울다

[krai] 크라이

654

**bark** 자 짖다

[bɑːrk] 바아크

655

**show** 타자 보이다

[ʃou] 쇼우

656

**feel** 타 만져보다, 느끼다

[fiːl] 피일

657
**say** 타자 말하다
[sei] 쎄이

658
**talk** 자타 말하다
[tɔːk] 토오크

659
**tell** 타자 말하다, 이야기하다
[tel] 텔

660
**speak** 자타 이야기하다
[spiːk] 스피크

661
**hear** 타자 듣다, 들리다
[hiər] 히어

662
**listen** 자 듣다
[lísn] 리슨

663

**see** 타자 보다

[siː] 씨이

664

**look** 자 보다

[luk] 룩

665

**eat** 타자 먹다

[iːt] 잇

666

**sit** 자타 앉다

[sit] 싯

667

**stand** 자타 서다, 세우다

[stænd] 스탠드

668

**drink** 타자 마시다  명 음료

[driŋk] 드링크

669

**cook** 타 요리하다  명 요리사

[kuk] 쿡

670

## wear (타) 입다, 착용하다
[wɛər] 웨어

671

## sleep (자) 잠자다 (명) 수면
[sliːp] 슬립

672

## wake (자) 깨다, 일어나다
[weik] 웨이크

673

## play (타)(자) 놀다, 상연하다 (명) 놀이
[plei] 플레이

674

## read (타)(자) 읽다
[riːd] 리드

675

## write (타)(자) 쓰다
[rait] 라잇

676
## walk 자타 걷다
[wɔːk] 웍

677
## run 자 달리다  명 달리기
[rʌn] 런

678
## jump 자 뛰다  명 도약
[dʒʌmp] 점프

679
## throw 타 던지다  명 던지기
[θrou] 쓰로우

680
## ride 자타 타다, 타고 가다
[raid] 라이드

681
## stop 타자 멈추다, 서다  명 멈춤
[stɑp] 스탑

**682**

## make  ㉣ 만들다

[meik] 메이크

**683**

## paint  ㉣ 그리다  ㉤ 페인트

[peint] 페인트

**684**

## drive  ㉣㉝ 운전하다, 드라이브하다

[draiv] 드라이브

**685**

## spell  ㉣㉝ (낱말을)철자하다

[spel] 스펠

**686**

## count  ㉣㉝ 수를 세다, 계산하다

[kaunt] 카운트

# **go** 자 가다

[gou] 고우



# **come** 자 오다, ~이 되다

[kʌm] 컴



# **bring** 타 가지고 오다

[briŋ] 브링



# **buy** 타 사다

[bai] 바이



# **sell** 타자 팔다, 팔리다  명 판매

[sel] 쎌



# **give** 타자 주다, 선사하다

[giv] 기브

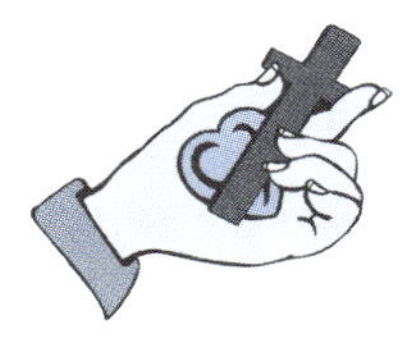



# **get** 타자 얻다

[get] 겟

**694**

**have** 타 가지고 있다, 받다

[hæv] 해브

**695**

**take** 타자 취하다, 받다

[teik] 테이크

**696**

**call** 타 부르다

[kɔːl] 콜

**697**

**meet** 타자 만나다

[miːt] 미이트

**698**

**ask** 타자 묻다, 물어보다

[æsk] 애스크

**699**

**answer** 자타 대답하다 명 대답

[ǽnsər] 앤서

**700**

**live** 자 살다 형 살아있는

[liv] 리브

**701**

**die** 자 죽다

[dai] 다이

702
# help 타자 돕다, 거들다
[help] 헬프

703
# assist 타자 돕다
[əsist] 어시스트

704
# close 타 닫다, 막다
[klouz] 클로우즈

705
# shut 타 닫다
[ʃʌt] 셧

706
# open 자타 열다 형 열린
[óupən] 오우펀

707
# cover 타 덮다, 싸다
[kʌ́vər] 커버

708
# kick 타자 차다
[kik] 킥

709
## catch 타자 붙잡다, 따르다
[kætʃ] 캐치

710
## hold 타자 들다, 잡고 있다
[hould] 호울드

711
## fix 타자 고정시키다, 고정하다
[fiks] 픽스

712
## climb 타자 오르다, 기어오르다
[klaim] 클라임

713
## fall 자 떨어지다, 내리다
[fɔːl] 포올

714
## build 타자 짓다, 세우다
[bild] 빌드

715
## cut 타 베다, 자르다
[kʌt] 컷

716
## hit ㉿ 때리다, 치다
[hit] 힛

717
## beat ㉿㉯ 치다, 두드리다, 때리다
[biːt] 비트

718
## knock ㉿㉯ 치다, 두드리다
[nɑk] 녹

719
## strike ㉿㉯ 치다, 때리다
[straik] 스트라잌

720
## draw ㉿㉯ 끌다, 당기다
[drɔː] 드로오

721
## pull ㉿ 끌다 ㉤ 당김
[pul] 풀

722
## attract ㉿ 끌다, 유인하다
[ətrǽkt] 어트랙트

**723**

**push** 자 밀다 명 밀기

[puʃ] 푸쉬

**724**

**press** 타자 누르다 명 압박

[pres] 프레스

**725**

**break** 타자 부수다, 부서지다

[breik] 브레이크

**726**

**defeat** 타 쳐부수다, 지우다

[difíːt] 디피이트

**727**

**slide** 자타 미끄러지다

[slaid] 슬라이드

**728**

**tie** 타자 매다

[tai] 타이

## bend ㉣ 구부리다

[bend] 벤드

## twist ㉣㉧ 비틀다, 꼬다

[twist] 트위스트



## lose ㉣ 잃다

[luːz] 루우즈



## change ㉣ 변하다, 바꾸다 ㉤ 변화

[tʃeindʒ] 체인지



## send ㉣㉧ 보내다

[send] 쎈드

## hide ㉣㉧ 숨다, 숨기다

[haid] 하이드

735 **keep** 타자 지키다, 보유하다
[kiːp] 킵

736 **pay** 타자 치르다, 지불하다 명 지불
[pei] 페이

737 **miss** 타자 놓치다
[mis] 미스

738 **return** 자타 되돌아가다, 돌려주다
[ritə́ːrn] 리턴

739 **repeat** 타 되풀이하다 명 반복
[ripíːt] 리핏

740 **begin** 자타 시작하다
[bigín] 비긴

741 **finish** 타자 끝내다, 완성하다, 끝나다
[fíniʃ] 피니쉬

742

## leave ㉰ 떠나다

[li:v] 리이브

743

## arrive ㉯ 도착하다

[əráiv] 어라이브

744

## stay ㉯㉰ 머무르다

[stei] 스테이

745

## visit ㉰㉯ 방문하다  ㉲ 방문

[vízit] 비지트

746

## find ㉰㉯ 찾아내다, 발견하다

[faind] 파인드

747

## wait ㉯ 기다리다

[weit] 웨이트

**748**

**teach** 타자 가르치다

[tiːtʃ] 티이치

**749**

**learn** 타자 배우다, 익히다-

[ləːrn] 러언

**750**

**marry** 타자 결혼하다

[mǽri] 매리

**751**

**carry** 타자 나르다, 운반하다

[kǽri] 캐리

**752**

**wash** 타자 씻다, 빨다  명 세탁

[waʃ] 워쉬

**753**

**smell** 타자 냄새맡다  명 냄새

[smel] 스멜

754

## win 타자 이기다  명 승리

[win] 윈

755

## record 타 기록하다, 녹음하다

[rikɔ́ːrd] 레코드

756

## print 타 인쇄하다  명 인쇄

[print] 프린트

757

## shoot 타자 사격하다, 쏘다

[ʃuːt] 슈우투

758

## burn 타자 태우다, 타다

[bəːrn] 번

759

## boil 자타 끓다, 끓이다

[bɔil] 보일

760
## spend ㉤㉧ 쓰다, 소비하다
[spend] 스펜드

761
## waste ㉤㉧ 낭비하다 ㉫ 거친
[weist] 웨이스트

762
## relate ㉤ 이야기하다, 관계시키다
[riléit] 릴레이트

763
## shout ㉧㉤ 외치다, 큰 소리를 내다
[ʃaut] 샤우트

764
## swing ㉧㉤ 흔들리다 ㉨ 동요, 흔들림
[swiŋ] 스윙

765
## blow ㉧㉤ 불다, 바람에 날리다
[blou] 블로우

**fill** 타자 채우다, 가득 차다

[fil] 필

**mix** 타 섞다, 혼합하다

[miks] 믹스



**put** 타 놓다, 넣다

[put] 풋



**charge** 타 짐을 싣다, 청구하다

[tʃɑːrdʒ] 차아지

**feed** 타자 먹이를 주다

[fiːd] 피이드



**choose** 타자 고르다, 선택하다

[tʃuːz] 추우즈



**know** 타자 알다, 이해하다

[nou] 노우

**773**

**direct** 타 지도하다　형 직접의

[dirékt] 디렉트

**774**

**follow** 타자 ~의 뒤를 잇다, 따르다

[fálou] 팔로우

**775**

**enter** 타 ~에 들어가다

[éntər] 엔터

**776**

**grow** 자타 성장하다, 키우다

[grou] 그로우

**777**

**awake** 타 일으키다　자 눈뜨다

[əwéik] 어웨이크

**778**

**let** 타 ~에게 시키다

[let] 렛

**779**

**join** 타자 결합하다, 합치다

[dʒɔin] 조인

**780**

## invite ㉓ 초청하다

[inváit] 인바이트

**781**

## mean ㉓ 의미하다

[miːn] 미인

**782**

## forget ㉓ 잊어버리다

[fərgét] 퍼겟

**783**

## hate ㉓ 미워하다

[heit] 헤이트

**784**

## reject ㉓ 거절하다

[ridʒékt] 리젝트

**785**

## admit ㉓㉜ 허락하다, 인정하다

[ədmít] 어드밋

**786**

## want ㉤㉢ 원하다

[want] 원트

**787**

## think ㉤㉢ 생각하다, 상상하다

[θiŋk] 싱크

**788**

## move ㉤㉢ 움직이다, 감동시키다 ㉤ 움직임

[muːv] 무브

**789**

## worry ㉤㉢ 걱정하다, 괴롭히다

[wə́ːri] 워리

**790**

## amaze ㉤ 돕시 놀라게 하다

[əméiz] 어메이즈

**791**

## confuse ㉤ 혼동하다, 혼란시키다

[kənfjúːz] 컨퓨즈

792

## happen  ㉯ 일어나다, 발생하다

[hǽp(ə)n] 해편

793

## compose  ㉣㉯ 구성하다, 조립하다

[kəmpóuz] 컴포우즈

794

## excuse  ㉣ 용서하다, 변명하다

[ekskjúːz] 익스큐우즈

795

## decide  ㉣㉯ 결정하다, 해결하다

[disáid] 디사이드

796

## argue  ㉯㉣ 논하다

[áːrgjuː] 아규우

797

## apply  ㉣㉯ 적용하다

[əplái] 어플라이

**798**
# betray （타） 배반하다
[bitréi] 비트레이

**799**
# boast （자）（타） 자랑하다
[boust] 보우스트

**800**
# claim （타）（자） 요구하다, 청구하다
（명） 요구, 청구
[kleim] 클레임

**801**
# depend （자） 의존하다
[dipénd] 디펜드

**802**
# commit （타） 저지르다, 위임하다
[kəmít] 커밋

**803**
# insult （타） 모욕하다 （명） 모욕
[insʌ́lt] 인설트

**804**

## **excite** 타 자극하다, 흥분시키다

[eksáit] 익사이트

**805**

## **regard** 타자 주목하다, ~으로 여기다

[rigá:rd] 리가아드

**806**

## **delay** 자타 지연시키다

[diléi] 딜레이

**807**

## **avoid** 타 피하다

[əvɔ́id] 어보이드

접속사
대명사
전치사
부사

808
**a** ㉟ 하나의, 어떤, 일종의
[ei, ə] 에이, 어

809
**an** ㉟ 하나의, 어떤
[ən] 언

810
**the** ㉟ 그, 저, 이
[ðə, ði] 더, 디

811
**and** ㉤ 그리고, 또한
[ænd] 앤드

812
**but** ㉤ 그러나 ㉦ 다만
[bʌt] 벗

813
**or** ㉤ 또는
[ɔːr] 오어

814

## because
[bikɔ́:z] 비코우즈

접 왜냐하면 ~ 때문에

815

## if
[if] 이프

접 만약 ~라면

816

## than
[ðæn] 댄

접전 ~보다

817

## though
[ðou] 도우

접 ~에도 불구하고

818

## yet
[jet] 옛

부 아직 접 그러나

**819**

**I** 대 나는, 내가
[ai] 아이

**820**

**you** 대 당신
[juː] 유

**821**

**we** 대 우리
[wiː] 위

**822**

**she** 대 그 여자
[ʃiː] 쉬이

**823**

**he** 대 그 사람
[hiː] 히

824

# it 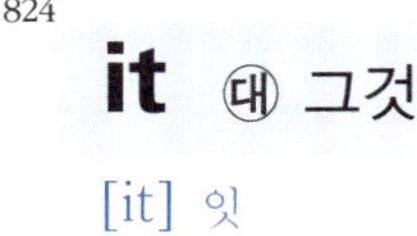 때 그것

[it] 잇


825

# this 때 이것

[ðis] 디스

826

# that 때 저것, 그것

[ðæt] 댓


827

# they 때 그들

[ðei] 데이


828

# what 때 무엇, 얼마 ⑧ 무슨, 어떤

[hwat] 왓


829

# why ⑨ 왜

[hwai] 와이

830
# who 대 누구, 어떤 사람
[hu:] 후

831
# when 부대 언제 접 ~할 때
[*h*wen] 웬

832
# where 부 어디에
[*h*wεər] 웨어

833
# which 대 어느쪽 형 어느쪽의
[*h*witʃ] 위치

834
# any 형대 무엇이나, 누구나
[éni] 애니

835
# nobody 대 아무도 ~않다
[nóubàdi] 노우버디

836

**of** 전 ~의

[əv] 어브

837

**for** 전 ~을 위하여

[fɔːr] 포오

838

**by** 전 ~에 의해

[bai] 바이

839

**about** 전 ~에 대하여

[əbáut] 어바웃

840

**to** 전 ~으로

[tuː] 투

841

**from** 전 ~에서, ~으로부터

[frʌm] 프럼

842
## with 전 ~와 함께
[wið] 위드

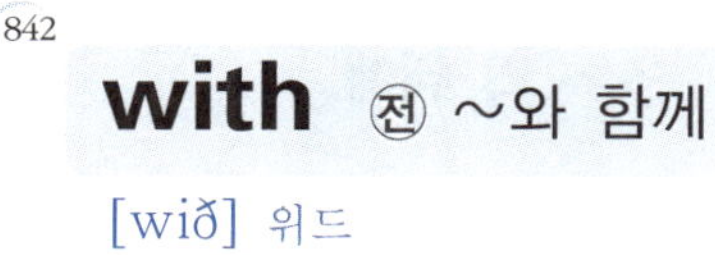

843
## before 전 ~의 앞에 부 앞쪽에
[bifɔ́ːr] 비포어

844
## after 전접 ~의 뒤에, 후에
[ǽftər] 애프터

845
## in 전부 ~안에, 안으로
[in] 인

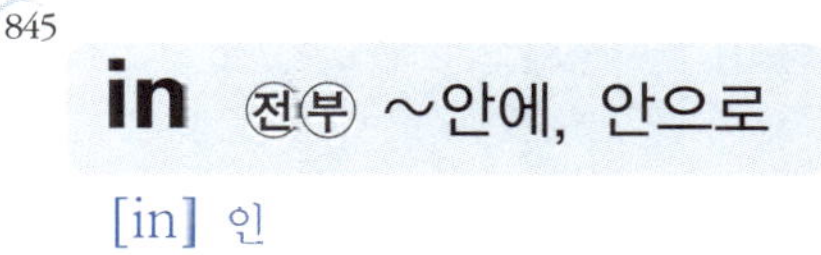

846
## into 전 ~속으로
[íntu] 인투

847
## on 전 ~위에, ~에
[ɑn] 온

### 848
**up**  (부) 위로  (전) ～의 위에
[ʌp] 업

### 849
**under**  (전) ～의 아래에  (부) 아래에
[ʌndər] 언더

### 850
**below**  (전) ～의 아래에  (부) 아래로
[bilóu] 빌로우

### 851
**beside**  (전) ～의 곁에
[bisáid] 비사이드

### 852
**at**  (전) ～에, ～에서
[æt] 앳

### 853
**till**  (전) ～까지
[til] 틸

### 854
**until**  (전) ～까지
[əntíl] 언틸

855

**over** 전 ~위에  부 끝나고

[óuvər] 오버

856

**without** 전 ~없이

[wiðáut] 위드아웃

857

**among** 전 ~의 사이에

[əmʌ́ŋ] 어멍

858

**between** 전 ~사이를  부 ~사이에

[bitwíːn] 비트윈

859

**beyond** 전 ~을 넘어서, 저쪽에

[bijánd] 비욘드

860

**along** 전 ~을 따라서

[əlóun] 얼롱

861

## too 부 또한

[tu:] 투우

862

## very 부 매우

[véri] 베리

863

## well 부 잘, 훌륭히 명 샘

[wel] 웰

864

## early 부 일찍

[ə́ːrli] 어얼리

865

## now 부 지금

[nau] 나우

866

## how 부 어떻게, 얼마나

[hau] 하우

867

**down** ㉑ 아래로

[daun] 다운

868

**back** ㉑ 뒤로  ㉭ 뒤의

[bæk] 백

869

**out** ㉑ 밖으로, 밖에  ㉭ 밖의

[aut] 아웃

870

**far** ㉑ 멀리  ㉭ 먼

[fɑːr] 파아

871

**near** ㉑ 가까이

[niər] 니어

<sup>872</sup>

**yes** 부 예, 그렇습니다

[jes] 예쓰

<sup>873</sup>

**no** 부 아니오

[nou] 노우

<sup>874</sup>

**okay** 형 좋아

[óukéi] 오우케이

<sup>875</sup>

**here** 부 여기에, 여기서

[hiər] 히어

<sup>876</sup>

**there** 부 거기에, 그곳에서

[ðɛər] 데어

<sup>877</sup>

**always** 부 항상, 언제나

[ɔ́:lwiz] 올웨이즈

878

## really 부 정말로
[ríːəli] 리얼리

879

## again 부 다시, 한번 더
[əgén] 어게인

880

## soon 부 이내, 곧
[suːn] 수운

881

## so 부 그와 같이
감 설마, 그래
[sou] 쏘우

882

## quite 부 아주, 완전히
[kwait] 콰이트

883

## once 부 한 번, 일찍이, 일단
[wʌns] 원스

884

## already  부 이미, 벌써

[ɔːlrédi] 올레디

885

## often  부 종종

[ɔ́ːfən] 어픈

886

## asleep  부 잠들어

[əslíːp] 어슬립

887

## ahead  부 앞쪽에, 전방에

[əhéd] 어헤드

888

## away  부 떨어져서, 멀리

[əwéi] 어웨이

889

## apart  부 떨어져서, 따로

[əpáːrt] 어파아트

890

## across  부 건너서  전 ~의 저쪽에

[əkrɔ́ːs] 어크로스

**891**

## behind ㉺ 뒤에, 나중에
[biháind] 비하인드

**892**

## ago ㉺ (지금부터)~전에
[əgóu] 어고우

**893**

## around ㉺ 주위에 ㉓ ~을 돌아
[əráund] 어라운드

**894**

## as ㉺ ~와 같이 ㉒ ~이므로
[æz] 애즈

**895**

## off ㉺ 떨어져 ㉓ ~로부터 벗어나
[ɔːf] 오프

**896**

## never ㉺ 결코 ~하지 않다
[névər] 네버

897

## must ㉗ ～해야 한다

[mʌst] 머스트

898

## may ㉗ ～해도 좋다
～일지도 모른다

[mei] 메이

899

## will ㉗ ～일 것이다

[wil] 윌

900

## shall ㉗ ～일 것이다

[ʃæl] 쉘

# 영어로 찾아보기

## A

## C

## G

| salad | 59 | sick | 119 |
| salt | 60 | side | 97 |
| same | 113 | sight | 95 |
| sand | 49 | sign | 96 |
| say | 129 | silver | 30 |
| school | 42 | simple | 115 |
| score | 82 | sister | 24 |
| season | 21 | sit | 130 |
| seat | 101 | six | 19 |
| see | 130 | size | 95 |
| sell | 134 | skirt | 68 |
| send | 140 | sky | 47 |
| set | 94 | sleep | 131 |
| seven | 20 | slide | 139 |
| shall | 170 | slow | 111 |
| shape | 101 | small | 107 |
| she | 157 | smell | 143 |
| sheep | 32 | smile | 127 |
| sheet | 73 | smoke | 93 |
| ship | 39 | snow | 48 |
| shirt | 68 | so | 167 |
| shoe | 69 | soap | 72 |
| shoot | 144 | soccer | 82 |
| shop | 44 | sock | 70 |
| short | 107 | soft | 116 |
| shout | 145 | some | 123 |
| show | 128 | son | 24 |
| shower | 48 | song | 52 |
| shut | 136 | soon | 167 |

## T

## U

## ㅂ

# ㅈ

## ㅌ



## ㅍ

콕콕찍어주는 **꼬꼬 초등 영단어**

2002년  8월 26일 초판 1쇄 박음
2018년 10월 10일 초판 19쇄 펴냄

지 은 이 · (주)국제어학언구소 영어학부
펴 낸 이 · 황        희        재
펴 낸 곳 · (주)국제어학연구소 출판부

출판등록2010년1월18일 제302-2010-000006호
서울특별시 용산구 원효로 1가 51-18
전화 (02) 704-0900 · 715-9064
팩스 (02) 703-5117
www.bookcamp.co.kr

· 본사는 출판물 윤리강령을 준수합니다.

ISBN 89-88790-71-5  13740

· 값은 표지 뒷면에 표시되어 있습니다.